Anton och Super-A klär på sig och säger nix
Text och bild © Jessica Jensen och Be My Rails Publishing 2014
Piktogram: www.sclera.be
Detta verk är skyddat av lagen om upphovsrätt.
Kopiering medges för sidorna som är avsedda att klippas ut.
ISBN 978-91-982248-0-1

Be My Rails
PUBLISHING

www.BeMyRails.com

Anton och Super-A

klär på sig och säger nix

av Jessica Jensen

Be My Rails

Peka på bilderna medan du läser.

Anpassa läsningen till barnet. För en kortare och enklare version av boken – hoppa helt eller delvis över den kursiva texten.

Låt barnet peka också.

Gör tummen upp eller ner tillsammans.

Lilla Trigga är en vän du får hålla koll på! Hon är rolig men väldigt påhittig.

Följ **Ralle Räls** på hans färd. När Ralle Räls har fyllt alla sina vagnar med bilder kan han köra i mål och vila sig.

Tummen visar oss rätt och fel. Kan du göra Tummen upp? Kan du göra Tummen ner?

Anton är storebror. Han är bra på att räkna och kan både ta av och hänga upp sin jacka själv.

Super–A kan flyga och läsa. Hennes superkrafter är: superhörsel, supersyn och superminne.

Lillebror kryper mest omkring. Han äter och bajsar och så måste han få sova middag ifred.

Detta är Super-A. Hon kan flyga fortare än ett tåg!

Super-A är lite som du och jag. När det är dags att sova kryper hon tätt intill sin mamma. Mamma läser och Super-A lyssnar. Att läsa är det bästa Super-A vet. Super-A älskar att titta på bilderna i böckerna. Men hon hatar att rita själv! Bilderna hon gillar mest är de med fina starka färger. Precis som hennes gula klänning.

Super-A älskar gult. Hon gillar svart också. Manteln som får Super-A att flyga är svart! Ibland vill mamma och pappa att Super-A ska ha på sig en annan färg. Det gör Super-A arg. Nix pix då klär hon inte på sig!

👉 Gillar du gult eller inte? Peka på den stora smileyn.
Vilken är din favoritfärg?

Detta är Super-As bror Anton. Han vill ha allt i blått. Han tycker inte om gult alls. Anton tycker att gult är en ful färg.

Men när han säger så, då blir Super-A riktigt arg: "Nix pix. Gult är inte alls fult! Gult är den bästaste färgen i världen!" Det är i alla fall vad Super-A tycker.

Tummen säger det är okej att tycka om olika färger. Alla är olika. Alla gillar också olika saker.

Så här brukar deras lilla vän Tummen säga:

> *Jag gillar ett – du gillar två.*
> *Jag gillar gult – du gillar blå.*
> *Jag gillar dig – du gillar mig.*
> *Vi gillar olika – men varann ändå!*

FÖRST

SEN

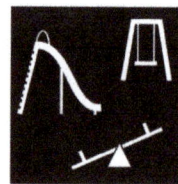

Det är tidig morgon och Super-A har en plan idag.

"Vi går ut och leker!" Super-A kan knappt vänta. Hon börjar flaxa med armarna. Så ivrig blir hon.

"Ja! Jag vill också gå ut!" Anton tycker det är en bra plan. Han gillar inte gult, men han gillar verkligen att leka ute.

"Men vänta ..." Tummen tittar på Anton och Super-A. "Är det inte något som ni har glömt att göra?"

Anton och Super-A har fortfarande sina pyjamasar på. Nix pix att man kan gå ut och leka i bara pyjamasen! Folk skulle tro att man var på väg till sin säng. Och pyjamasen skulle ju bli smutsig!

Så vad måste Anton och Super-A göra först?

Först måste Anton och Super-A komma ur sina pyjamasar. De måste ju klä på sig!

Först ... klä på sig. Sen ... gå ut.

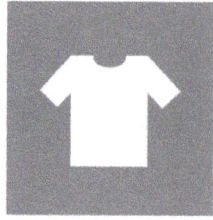

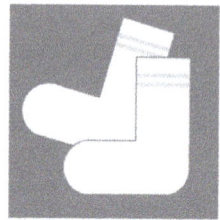

Anton vet hur man klär på sig. Han kan klä sig helt själv. I badrummet finns det en hylla. På hyllan finns det en bild på Anton. Super-A har också en bild. Och det är här mamma lägger fram dagens kläder.

☞ **Anton tittar på kläderna. Han måste ta på sig de vita kalsongerna först. Sen en tröja och ett par jeans. Och till sist ... sina grå strumpor.**

Mamma lägger alltid fram två tröjor åt Anton. Då får han välja en av dem. Han gillar det. Men idag ligger det en grön och en röd tröja där.

Anton börjar bli arg ... kan du gissa varför?

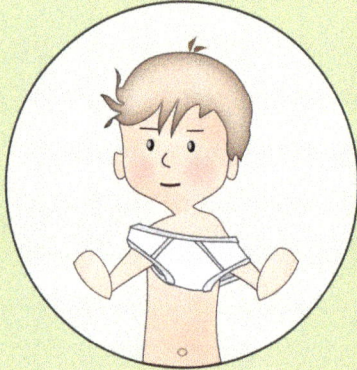

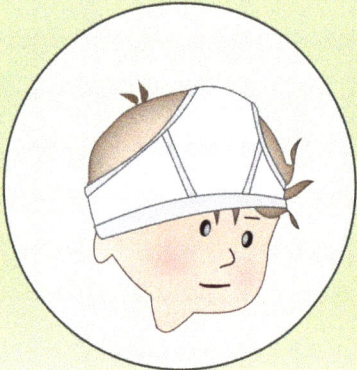

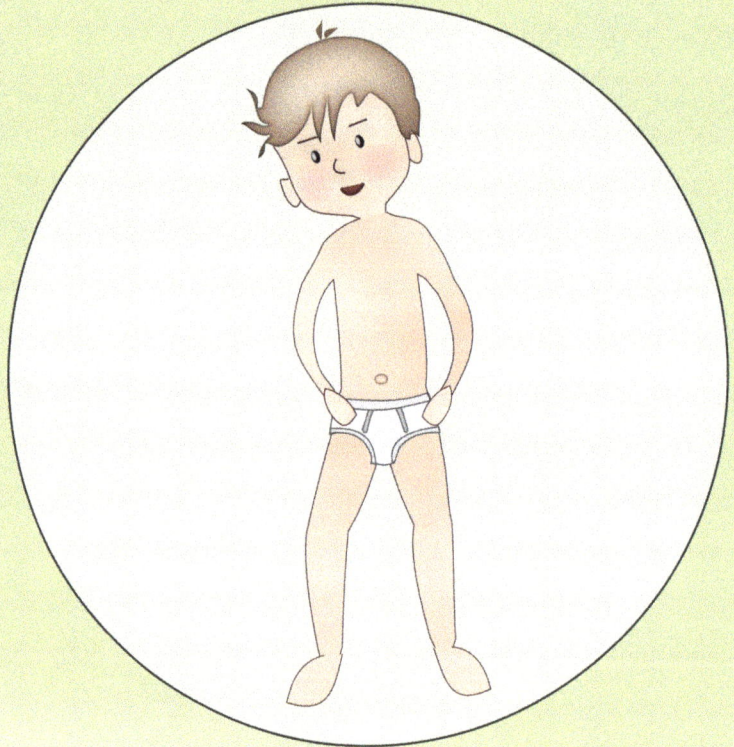

Vi får nog hjälpa Anton med att klä sig idag. Är du redo?

Ska Anton ta kalsongerna på huvudet?
Nej, tummen ... ner! Vilket knas.

Om han stoppar armarna igenom dem då?
Nej, tummen ... ner!

Ska Anton dra benen igenom kalsongerna?
Ja! Tummen ... upp!

Anton vet att underkläder är en väldigt bra grej. Man ska byta underkläder varje dag. Kissdroppar och osynligt bakteriebus som gömt sig i dem börjar lukta och klia annars. Tummen ner för det!

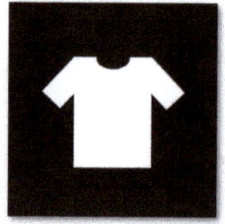

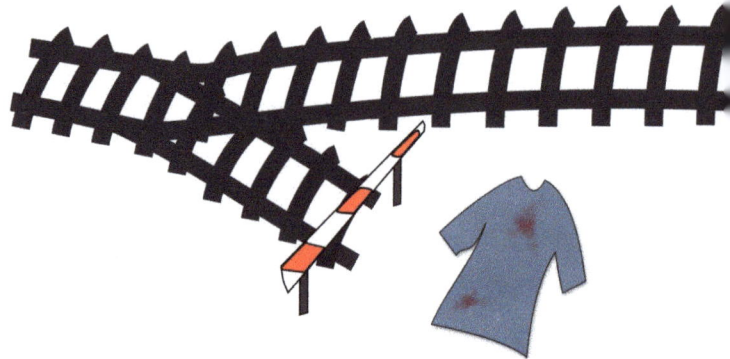

Anton vill ha sin blå tröja idag – samma som han hade igår. Men titta! Den tröjan fick han ju ketchup på. Anton är arg.

Han vill ha den blå tröjan, inte den gröna. Och nix pix för den röda nya! Anton är förtvivlad och han vill inte klä sig längre: "Om jag inte kan ha min favoritblå tröja, då vill jag inte ha någon alls!"

"Hoppsan-hejsan", säger Tummen då. "Det är visst dags för *Byta Spår*-kepsen!"
Anton måste byta spår. Ralle Räls kommer till hans hjälp. Spåret till den smutsiga blå tröjan är stängt. Anton måste välja spåret som går till en annan tröja. Så då väljer Anton den röda tröjan istället. Tummen upp! Anton ändrade sig! Han tänkte om.

"Vill du att jag klipper av lappen i tröjan?" frågar pappa.
Anton nickar. Inga lappar som rivs där bak i nacken vill han ha.
Anton är inte arg längre.

Pappa har klippt av lappen. Dags för jeansen nu. Men vart har strumporna tagit vägen? De var ju nyss här ... Kan du se dem?

Lillebror har tagit på dem på sina öron. Men det är inte där strumpor ska vara! Var ska man ha sina strumpor?

Strumporna gör ont på Antons fötter. Trådarna inuti skaver hans tår och snärjer åt. Så pappa vänder strumporna ut och in. Det får helt enkelt bli en sådan där ut-och-in-dag för Anton idag.

Anton tittar på den blå tröjan. Han kan se hur smutsig den är. Den borde ligga i tvättkorgen. Det är ju där smutskläderna bor.

Anton ser ren och fin ut i sin röda tröja. Nu är han redo för dagen! Tummen gillar det han ser ... är du med?

> Ren och fin – ger tummen ... upp!
> Ren och fin – ger tummen ... upp!
> Smutsigt på – ger tummen ... ner!
> Ren och fin – ger tummen ... upp!

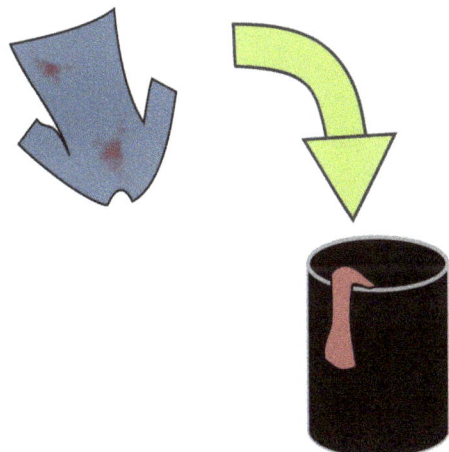

Super-A har alltid gult på sig. Men idag finns ingen gul klänning i hyllan. Idag finns bara en röd klänning. Och den klänningen är för fest! Pappa vet att Super-A bara vill ha gult. Han ser sig om. Lilla Trigga verkar veta en sak eller två om en gul klänning.

Men ... var är Super-A då? Super-A flyger omkring överallt. Över duschen och runt schampoflaskorna.

"Super-A! Kom ner till din gula prick!" Pappa pekar mot den gula pricken på golvet. Det är en speciell prick. Super-As alldeles egna specialprick. Det är där Super-A står när hon ska klä på sig.

Pappa väntar på henne. Men Super-A glömmer att lyssna på pappa. Hon glömmer att hon vill ut och leka. Ja, hon glömmer allt om att klä på sig.

Super-A kommer på en ramsa som Tummen brukar säga. Är du med?

> Still på prick – ger tummen ... upp!
> Still på prick – ger tummen ... upp!
> Snurr och vrid – ger tummen ... ner!
> Still på prick – ger tummen ... upp!

Super-A sträcker händerna rakt upp i luften. Pappa drar på den gula klänningen i ett huj. Sådär ja. Klart.

Super-A gillar inte att borsta håret. Men pappa ger henne ett klistermärke varje gång hon gör det. Hennes borste är nästan full med klistermärken. Och mamma blir så glad av att se det fina håret. Super-A måste borsta håret för annars tovar det sig. Mamma säger att det kommer att se ut som ett kråkbo. Super-A vill inte ha fåglar i sitt hår.

Super-A borstar sitt hår. Hon får ett klistermärke. Sist av allt får hon på sig sin svarta mantel igen.

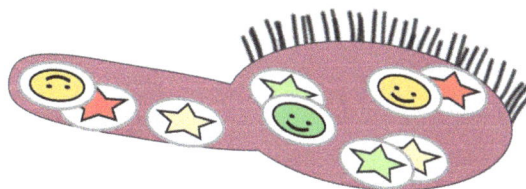

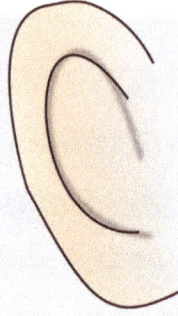

Super-A vill gå ut och leka med det samma. Hon är redan på väg.
"Men vänta!" Tummen vet bättre. "Först ... så måste du fråga en
vuxen. Alla barn måste fråga en vuxen i-n-n-a-n de går ut."

☞ Super-A vill gå ut nu. Anton vill gå ut nu. Men är mamma
okej med det? Kom så frågar vi!

Super-A frågar. Sen lyssnar hon på mamma. Mamma säger:
"Nej. Ni måste äta frukost först!"

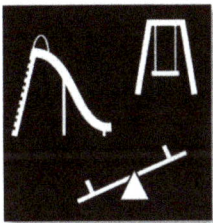

FÖRST   SEN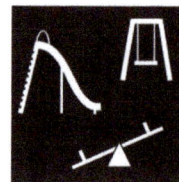

Först frukost. Sen gå ut.

Och mamma har rätt. Ingen vill bli hungrig mitt i leken.

Anton och Super-A måste byta spår. Att gå ut måste vänta! På med Byta Spår-kepsarna igen! Det är dags att tänka om.

Så Anton och Super-A hjälper till med att duka. Om de hjälps åt så kan de ha skoj ännu snabbare.

De äter sin frukost. Sen ställer mamma tillbaka maten där den hör hemma. En del mat vill bo i köksskåpen. En del mat vill bo i kylskåpet och ha det kallt.

Barnen ställer undan sina tallrikar. Alla har hjälpt till. Bra jobbat! Kan du ge dem tummen upp?

1   2   3

Dags för dagens plan. De ska gå ut. Ralle Räls har tre uppdrag åt dem. Kan du se vad tåget vill att Anton och Super-A gör först?

Först ... ska de klä sig för vädret.
Sen ... bygga ett sandslott.
Sist ... lägga undan jacka och stövlar.

Super-A använder sin superhörsel. Hon hör löv och regn som faller till marken där utanför. Blöta löv och vattenpölar – det betyder kläder med superskydd!

Lilla Trigga tycker att de ska ta på en baddräkt. Men vi frågar Tummen istället. Är du redo?

Ska de ta på sig en baddräkt? Nej, tummen ... ner!
Sina festkläder? Nej, tummen ... ner!
Regnstövlar? Ja, tummen ... upp!
En solhatt? Nej, tummen ... ner!
Pyjamas? Nej, tummen ... ner! Vilket knas.
En regnjacka? Ja! Tummen ... upp!

Anton är snabb idag. Han har redan tagit på sig sina galonbyxor, sin regnjacka, en varm mössa och så de blå regnstövlarna.

Men ser det inte ut som om Super-A haft lite bråttom? Vad är det som Super-A har glömt?

Super-A har glömt att ta på sig sin regnjacka.

Så pappa hjälper henne med att få på den. Han säger: "Höger hand in ... och höger hand ut. Vänster hand in ... och så vänster hand ut."

Nu är allt de behöver för regnet på. Anton och Super-A är redo för vädret.

Och se på Ralle Räls! Han kan ta första bilden och lägga den i sin vagn! Bara två bilder kvar. Ralle Räls får köra vidare. Bra jobbat alla!

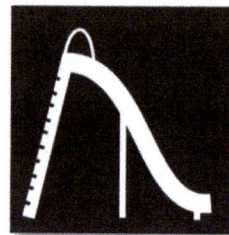

Super-A vill att mamma följer med till lekplatsen. Men mamma måste köpa nya vinterstövlar. Någon måste ju göra det också ...

Anton vill inte ha mamma. Han vill ha sin gamla schaktmaskin med larvfötter.
"Vill inte du också ha en bandschaktare? Den gula?" Pappa tittar på Super-A när han frågar henne.
"Nej ... tack." Super-A skakar på huvudet.
"Det är okej", säger pappa, "man kan vilja olika."

På lekplatsen ska Anton och Super-A turas om att bestämma. Först är det Super-A som ska välja lek.

Gunga eller åka rutschkana?
Super-A vill åka rutschkana.

Det har slutat regna. Men rutschkanan är våt ändå. Vilken tur att de har sina kläder med superskydd på. Då kan de åka på rutschkanan även om den är blöt och så kan de hoppa i alla vattenpölarna! Det är kul!

Men, åh nej! Lilla Trigga glömmer att vänta tills det är tomt i rutschkanan. Lilla Trigga åker nästan rakt in i Super-A. Vilken tur att Super-A är så snabb som hon är! Hon flyger upp och ur vägen.

Nu vill Super-A att alla ska gunga, men de måste turas om att bestämma. Vems tur är det?

Det är Antons tur att bestämma. Så Pappa tittar på Anton och frågar: "Vad vill du leka?"

☞ Anton vill leka i sandlådan – men inte Super-A.
"Nix pix!" skriker Super-A. "Jag vill gunga!"
Men man måste turas om att bestämma.

När pappa säger att de kan bygga ett stort sandslott, blir Super-A glad igen. Hon tänker om. Det går att byta spår. Hon glömmer allt om gungan. Super-A tänker på sandslottet istället!

☞ *Ralle Räls är också glad. Det har blivit dags för bild nummer två!*

Anton börjar fylla sin blåa hink med sand. Super-A vill fylla sin gula också. Sen hjälper pappa dem att vända på hinkarna. De bygger ett slott med fyra torn.

Sen hittar de några stenar. Försiktigt trycker de fast stenarna på slottet av sand. De vill inte att det ska gå sönder. Anton hittar ett löv. Det kan ju bli en flagga! Anton sticker ner den bruna löv-flaggan högst upp på deras slott. Anton och Super-A ser på slottet och känner sig stolta. Men då ...

Åh nej! Lilla Trigga skriker: "Nix pix!" Hon vill inte ha någon löv-flagga. Bara stenar. Lilla trigga börjar sparkas.

Vill vi att slottet rivs? Nej, tummen ... ner!

Så pappa fixar till hålen med lite sand. Pappa säger att man inte sparkar sönder och inte drar i hår. Man ska prata istället. Lilla Trigga och Super-A säger förlåt. Sen bygger pappa ett nytt sandslott till Lilla Trigga. Utan någon flagga. Nu har de två slott.

☞ De är färdiga med sitt andra uppdrag. Ännu en bild kan läggas i Ralle Räls vagn. Bra jobbat alla!

Nu är det Super-As tur att bestämma igen. Hon vill att alla ska gunga. Det är inte Antons tur att bestämma, men han vill leka med sin bandschaktare och det är något som Super-A verkligen inte vill. Pappa säger att man inte behöver göra samma sak. Man kan göra olika. Då får båda göra det de vill.

Anton börjar leka med sin bandschaktare. Han är nöjd. Super-A går till gungorna. Hon är också nöjd! Men så skriver Lilla Trigga "mamma" i sanden. Och då vill Super-A faktiskt bara gå hem.

Hon saknar mamma. Pappa säger vänta. Men nu vill inte Super-A mer. Hon vill gå hem. Inte sen. Inte ens snart. Nu!

Anton vill leka mer. Han är inte färdig med att gräva. Så mamma kommer och hämtar Super-A. Och Anton kan gräva lite till.

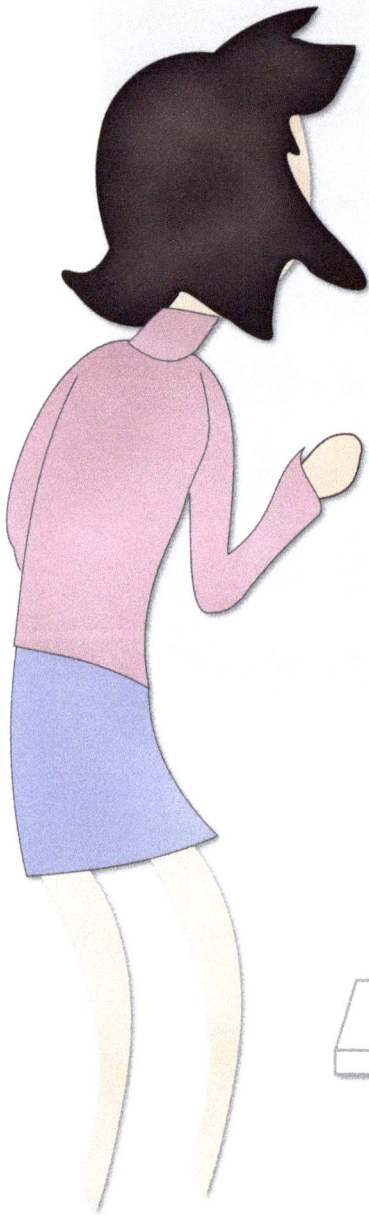

Mamma har köpt vinterstövlar. Det gjorde hon när Super-A var på lekplatsen.

Nu står det tre nya stövelpar och väntar hemma. Super-A h-a-t-a-r nya skor, men hon vill välja sina stövlar själv. Så därför provar hon alla. De gula är finast. Hennes ögon gillar dem. Men hennes fötter tycker bäst om att vara i de svarta. De svarta stövlarna klämmer mindre och fodret är ludet och skönt. Fötterna får välja idag!

Mamma sätter en ny gul prick på skostället. Det är där som de nya svarta stövlarna får bo.

Mamma ska lämna tillbaka de andra stövlarna till affären. De rosa och de gula vinterstövlarna är o-valda.

Anton kommer också in. Han hänger upp sin jacka och ställer regnstövlarna på skostället. Super-A tittar på Ralle Räls och hon ser sina ytterkläder slängda över hela golvet.

Super-A plockar upp regnstövlarna. De ska stå på skohyllan, precis bredvid hennes nya vinterstövlar. Jackan hänger hon på kroken med den gula pricken. Uppdrag slutfört! Ser du så glad Ralle Räls är? De är färdiga med alla bilderna!

Först har de ... klätt sig för vädret. Sen ... byggt ett sandslott. Och till sist ... lagt undan sina kläder.

Det är dags för Ralle Räls att puffa iväg och pusta ut i mål. Alla hans vagnar är ju fulla nu. Tut-Tuut!

Men mamma är inte färdig. Mamma visar Super-A fyra helt nya klänningar också. De är alla likadana. Gula, precis så som Super-A vill ha dem. Men ändå – nya!
"Du kan prova en av dem efter kvällsmaten", säger mamma.

Hm. Vi får väl se hur det blir med det ...

Klipp ut klippdockorna och piktogrammen.

1) Vad ska Anton och Super-A ha på sig inomhus? Och ute i regnet? Låt ditt barn klä klippdockorna. Tycker de om sina kläder?

2) I vilken ordning tar vi på oss kläder? Lägg piktogrammen i rätt ordning.

3) Var har vi våra kläder någonstans? Låt ditt barn gå på jakt efter varje piktogram bland sina egna kläder. Lägg ut de riktiga kläderna på golvet i deras rätta ordning och med ett piktogram ovanpå. Lämna gärna kläderna framme för morgondagen!

4) Vad tycker ditt barn om för kläder? Vilka färger, texturer och mönster gillar ditt barn mest? Finns det något med kläder som ditt barn inte gillar? Varför? Hur känns kläderna mot vår hud?

Kan ditt barn även hitta dina eller ett syskons kläder? Vilka favoritkläder har vänner och andra i familjen? Varför? Gillar de samma saker hos kläderna?

5) Vad gillar ditt barn att ha på sig i regnet? Ge barnet ett urklipp åt gången och låt barnet visa dig sin regnjacka och sina regnstövlar.

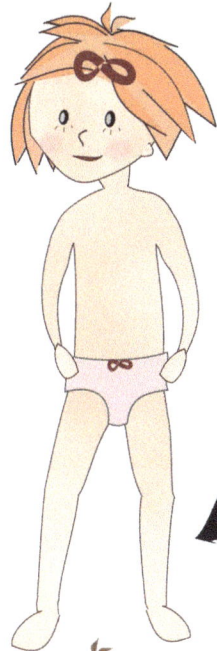

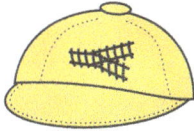

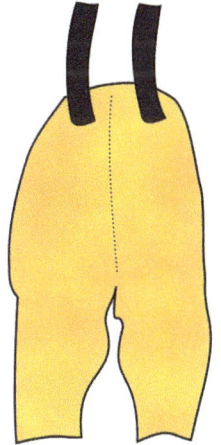

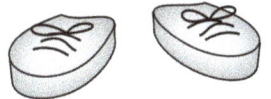

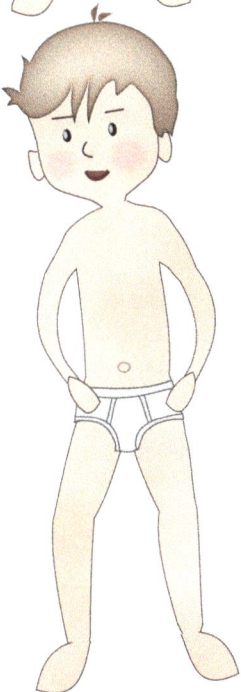

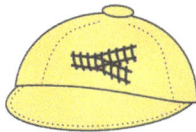

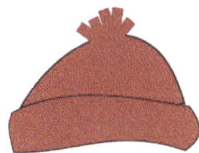

www.ingramcontent.com/pod-product-compliance
Lightning Source LLC
Chambersburg PA
CBHW040856100426
42813CB00015B/2822